Marius Hoffmann

AF222716

Marius Hoffmann

Lotgänge

Gedichte

© 2006, zweite Auflage 2015
Alle Rechte liegen beim Autor
Umschlag: Paul Cézanne (1839-1906) - La Montagne Sainte-Victoire,
vom Steinbruch Bibémus aus gesehen (um 1897), Öl auf Leinwand (Ausschnitt)
Herstellung und Verlag: BoD - Books on Demand, Norderstedt
Printed in Germany
ISBN 978-3-8334-4677-1

Lotgänge

„...denn gerade dies ist ein Zeichen ihrer Vollkommenheit,
dass deine Liebe allein in der Unendlichkeit
leben kann."

(S. Kierkegaard)

Für S.

Nur die
Schnittstellen

KROKUS

Hast du
Bemerkt dass
Um einen wie ihn
Kein Schnee
Liegt

ECHO DER LILIEN

Im fer-
nen Safrangelb
Nicht mehr nicken-
der Blüten bleibt
Dir ihr Echo
Fremd

<u>UNSCHEINBAR</u>

Rhodo-
dendren geben
Sich unschein-
bar übers
Jahr

WEINBERG

Beeren
Sind dort
Gewährt

ZUKUNFT

Vergiss
Nicht dass es
Die Blüten sind
Die dem Leben
Zukunft ge-
ben

VERSÄT

Kunstrasen
An Stellen wo
Gras nie wach-
sen würde

WEIHRAUCH

Du
Gelangst
Zum Weihrauch
Nicht ohne Schnitte
Wie seltsam dass du's
Dem Duft nicht
Anmerkst

NICHT SCHLIMM

Für

Vögel sind

Erdbeben nicht

Schlimm

SCHWÄNE IM FLUG

An der
Schnur gezogen
Sehen sie wohin sie
Wollen so hoch
Am Him-
mel

SPIEGELFLÄCHEN

Im
Sinnspruch
Spiegeln Worte
Sieh die Schwä-
ne sind weg
Davon

B L A T T L A U S M E L K E N

Es
Ist vertan die
Ameisen nach dem
Verdienst zu
Fragen

R E G E N B O G E N

Ei-

gent-

liches ist

Auch dass es

Ihn nicht

Gibt

BLICKFANG

Zu nah
Dem Sonnentau
Hüten dich die Blicke
Nicht mehr und kei-
ner schweift
Weiter

<u>UNTERGANG</u>

Es ist
Schon selt-
sam der Morgen-
sonne den Unter-
gang nicht glau-
ben zu wol-
len

ABENDSONNE

Ein
Maulwurf
Wird ihr trotz-
dem aus dem
Weg ge-
hen

T R O P F E N

Am
Hahn sieht
Jeder Tropfen
Aus wie der
Letzte

W E H R L O S

Findest

Du nicht dass

Ein Fluss dann

Fließt wie eine

Nie heilende

Wunde

IM DELTA

Die letz-
te Möglich-
keit im Fluss
An Land zu
Kommen

STROMLAND

Ge-
fühl das
Du behalten
Wirst schafft es
Stets ins tiefe
Wasser

AUFTRIEB

Ver-
giss nicht
Dass ein Meer
Der Tränen kei-
nen Auftrieb
Mehr hat

S E G E L

Im
Wind
Was ist
Ihm ent-
scheid-
bar

FEHLENDE NACHRICHT
VON DEN SCHIFFEN

Eine

Wirksam

Archaische Vari-

ante des Augenmerks

Dort am Horizont eine

Art von Sehnsucht

Nicht zu ver-

gessen

Für J.

LOTGÄNGE

Eine
Dir im Tie-
fenblick zugleich
Existentiell rele-
vante Konse-
quenz

LICHT UND SCHATTEN

Es gibt
Das eine nicht
Ohne das andere oh-
ne als Begriff dann
Falsch zu wer-
den

UNGLEICHZEITIG

Den-
ken endet
Vor der Wirk-
lichkeit und es be-
rührt sie wer da-
rauf ach-
tet

BEGRIFF

Ein ge-
fälliger Leicht-
sinn das Begriffene
Klingt so ähn-
lich

R E G E L

Es ist
Regel Ge-
danken mit
Denken zu
Verwech-
seln

KEINE FRAGE

Die

Schwer-

kraft eines

Gedankens ist

Keine Frage des

Abstands

EINGRIFF

Exis-
tentiell an
Einem Gedan-
ken ist nicht die
Vorstellung
Davon

SCHNITTSTELLEN

Ein Ge-
danke als Pen-
dant der Konse-
quenz seiner
Selbst

R E L A T I O N

Kein Ge-
danke hat indi-
viduell mehr Wert
Als er für dich
Gewinnt

FAST IMMER

Es kostet die
Ausnahme die du
Versäumst dass Selbst-
verständlichkeiten nicht
Zu verbalisieren fast
Immer richtig ist

K U N S T

Es ist das

Besondere dass

Hier die Konsequenz

Weiter reicht als

Ihr Echo

<u>L E M M A</u>

Lass alles
Weg was du
Von selbst
Siehst

ÜBERGANG

Der Über-
gang vom Wesen
Zur Karikatur liegt
In der Verhältnis-
mäßigkeit

IM NEGATIV

Das Problem der
Ironie ist sein wahr-
scheinliches Risiko

V O R Z E I C H E N

Humor
Und Ironie
Trennt zuerst
Ein Vorzei-
chen

FEHLER

Ein
Fehler des Fol-
gerichtigen liegt in sei-
ner eingeschränkten
Aufmerksam-
keit

UNFALL

Ein

Struktureller

Zusammenbruch im

Denken durch das stimmig

Dort selbstähnliche Wuchern

An der Wirklichkeit nicht

Gespiegelter Konse-

quenz

VORSCHUSS

Die Differenz
Zwischen Sichtbarem
Und sichtbar Gemachtem
Liegt in der Höhe des
Vorschusses

MENSCHLICHER BELANG

Die

Frequenz

Seelischer Schwin-

gung meint Ausweis

Und Vollzug von

Eigentlich-

keit

STETS FALSCH

Hülsen sind stets
Falsch wenn sie
Nicht so heißen

KEHRSEITE

Es
Gibt kei-
ne Bewusst-
heit ohne Ge-
dächtnis

U N B E S E H E N

Ja wenn der
Knall entscheidet
Bleibt ein Terrain
Irriger Schüsse

NUR DAS

Nur das We-
sentliche bleibt
Es im Echo

KENNUNG

Wie
Viele kennst
Du die Zeit ihres
Lebens verschwen-
den und etwas
Wissen da-
von

SPIEGELKABINETT

Auch vor
Der Stille kannst
Du nicht weg-
laufen

GEIST UND SEELE

Du
Merkst sehr
Bald dass sie sich
Gegenüber nicht mehr
Als ein Vorschlags-
recht haben

V E R S T U M M E N

Kennst
Du das Ge-
fühl nach ei-
nem Satz be-
reits zu ver-
stummen

EINBESCHRIEBEN

Ver-
giss nicht dass
Du dich in lyrischen
Räumen zugleich auch
Im so einbeschrieben
Weggelassenen
Aufhältst

LYRISCHE BILDER

Im eige-
nen Spiegel im
Wiederentdeckten
Handlauf beim
Wandern

APHORISTISCHE LYRIK

Ein
Spiegel der
Dein eigenes inne-
res Ansehen zusätzlich
Braucht um darin etwas
Nicht nur Selbstähn-
liches abzubil-
den

G E D I C H T

Wür-
dest du's
Lesen oh-
ne dein
Echo

U N B E R Ü H R B A R

In
Einer Spra-
che wie aus dem
Raum des beinah Un-
berührbaren als frucht-
barer Weg im Reflex
Dich dann selbst
Zu begrei-
fen

P R O B A T

Not-
wendig an
Der Wirklich-
keit gespiegelte
Konsequenz ist
Nicht mehr wie
Sie von sich
Aus ist

<u>NARZISSTISCH</u>

Ge-
genüberlie-
gende Spiegel wer-
den blickst du auch tie-
fer hinein dich trotz-
dem mehr und
Mehr blen-
den

SPIEGELUNG

Das
Besonde-
re in den Din-
gen das wir nur im
Stillen wahrnehmen
Wenn es sich an uns
Selbst dann spie-
geln kann

F L E C K

Was
Nützt dir
Ein Spiegel
Wenn du für
Ihn blind
Bist

GEKRÜMMTER SPIEGEL

Er zeigt

Dir nur wie

Leicht es geht

Doch so zu

Werden

LEMMA

Ent-
lang dem
Lot triffst du
Den Schwer-
punkt

WINKEL

Im Ab-
schüssigen
Zeigt dir das Lot
Die seltsame-
ren Win-
kel

V E R T A N

Von
Einem Krug
Mit Sprung Integri-
tät zu erwar-
ten

K R U G

Ge-
brochen be-
hält er den Wert
Außerhalb sei-
ner Bestim-
mung

TINNITUS DER SEELE

Ihn
Hörst du
Auch wenn
Du sie zu-
hältst

B R U C H

An
Der Bruch-
linie falls dein
Blut nicht mehr
Gerinnt liegt es
In anderen
Händen

BRUNNENGANG

Es
Gibt kei-
ne Regel das
Herz als selbst-
heilend zu be-
trachten

DU NICHT

Dem
Pochen des
Herzens kannst
Du nicht öff-
nen

ES IST SO

Liebe
Erkennst du
An ihrer Un-
endlich-
keit

R E F L E X

Je-
manden
Lieben für
Das was er tut
Hält dich als
Spiegel so-
lange er
Da ist

LIEBE

Liebe bleibt
Stets innerzeitlich
Andernfalls müsste
Sie sich selbst ver-
gessen haben

AUSSERHALB

Du
Bist durch
Das was von dir
Selbst abhängt au-
ßerhalb der Liebe
Oft mit Recht
Angreif-
bar

U M A R M U N G

Weißt du dass dein
Gefühl so anders wird
Wenn du spürst dass es
Nicht wiederholbar ist

AUF DEN ZWEITEN BLICK

Wie
Wenig hat
Das Erblühen ei-
ner Rose zu tun mit
Dem Erfahren der
Liebe des An-
dern

NICHT VORGESTELLT

Du
Brauchst
Zur Liebe die
Erkannt wahrge-
nommene Exis-
tenz des An-
dern

E C H O

Kei-
ne Liebe die
Einfach sein darf
Bleibt ihr eige-
nes Echo

S E L T S A M

Wie selt-
sam dass ein Ri-
siko der Liebe in der
Rückhaltlosigkeit be-
steht und du doch
Mit dem Rücken
Zur Wand
Stehst

LETZTLICH

Dir bleibt
Die wahrschein-
liche Annahme auf-
grund der eigenen Er-
fahrung weil du nie
Weißt wie ein an-
derer Liebe
Fühlt

AUSSERHALB

Dass
Es eine Lie-
be außerhalb des
Glücks geben muss
Ist eine Folge sei-
ner Endlich-
keit

B R Ü C H E

Es
Liegt am
Wesen der Ein-
dämmung des Her-
zens dass es falls sie
Dir notwendig wird
Dich nicht nur
Bewahrt

SONNWENDFEUER

Wenn
Du jeman-
den liebst weil
Du ihn brauchst
Brennst du ein
Sonnwend-
feuer

GESPIEGELTER FALL

Das
Entschei-
dende an der
Frage ob es in der
Liebe wesentlich sei
Den andern glück-
lich zu machen
Bleibt ein ge-
spiegelter
Fall

FRAGE

Was soll
Das sein in Bezug
Auf den Geliebten ein
Liebender Augen-
blick

ZU SPÄT

Ist
Deine Lie-
be nur Wirkung
Merkst du's
Zu spät

L I E B E L E I

Im
Gehalt ei-
ne verungleich-
zeitigt gedachte
Also nicht zuge-
hörige Wirk-
lichkeit

WORTLOS

Spürst

Du dass deine

Als Echo in den Part-

ner projizierte Liebe nicht

Stetig und konkret kommu-

niziert Veränderungen im

Andern so leicht mit

Falschem Etikett

Wahrnimmt

KLEINER PRINZ

Falls im
Zentrum von Liebe
Also dort wo sie ihre Kraft
Entwickelt in der eigenen Wirk-
lichkeit Schmerz sich befindet
Darfst du seinem Weg so
Nicht folgen

UNGLEICH

Sieh
Dir bleiben die so
Ewig nah ungleichen Fol-
gen falls einer der Lieben-
den den andern nicht
Mehr glücklich
Macht

<u>WESENTLICH</u>

Spürst

Du dass eine

Liebe die gewesen

Sein kann etwas

Anderes

Ist

WIE DEM AUCH SEI

Wenn
Es stimmt dass
Du mich nicht liebst
Kannst du's in frühe-
ren Leben auch
Nicht getan
Haben

<u>PARADOX</u>

Es ist pa-
radox dass Un-
endliches das sich
Vielleicht einmal ver-
gessen darf eigent-
lich nicht exis-
tiert hat

SCHNEEKÖNIGIN

Es sind
Die Folgen
In ihr noch
Mehr zu
Sehen

DAS VERWÜNSCHTE

Das
Verwünschte
Kann auch ein Glück
Sein im jetzt so fernna-
hen Blick deines
Zaubers

NICHT BESSER

Ich weiß
Es nicht besser
Als dass eine Liebe die
Auf einmal ins Leere weist
Letztlich um sich nicht zu ver-
lieren nicht anders kann falls
Sie es kann als sich dann
Selbst zu verges-
sen

ERST WIEDER

Ist
Es nicht so
Dass du den An-
dern erst wieder ins
Herz lassen kannst
Wenn es frei
Ist

NICHT MEHR

Es
Ist schwer
Für etwas die eige-
nen Hände verloren zu
Haben das mit Recht
Immer noch nicht
Mehr dir ge-
hört

V U L K A N

Kein
Vulkan ist
Erloschen tot
Schau hin Lie-
be geht an-
ders

BIENENKÖNIGIN

Ein so un-
glücklich glück-
liches Geschehen
Bleibt dir selbst
Verflogen ver-
wünscht

E M P I R I E

Viel-
leicht hast
Du ja Einfluss
Darauf jemanden
Zu lieben aber nicht
Es vielleicht bes-
ser nicht mehr
Zu tun

A B G E N U T Z T

Es bleibt
Ein Schweigen
Wenn die Worte sich
Den Blick in der Viel-
falt abgenutzt also
Verirrt ha-
ben

SO SPÄT

Klima-
wechsel der
Seele spürst du
Erst wenn es
So spät
Ist

SCHMERZMOMENTE

Wenn
Du sie mei-
dest verwünschst
Du die Flan-
ken

BEHALT

Ein
Umgangener
Schmerz behält
Dir etwas Umwegi-
ges das so nicht
Zur Sprache
Findet

B A N D I T

Das
Schlimmere
Hoffnungsvolle hält
Dir der Einarmige hin
Mt dem andern und
Du verlierst sie
Beide

A N D E R S

Du
Weißt ja ein
Blutendes Herz
Schafft dir zu den
Eigenen Quellen
So anders Zu-
gang

NAMENLOS

Ein
Schmerz
Der keinen
Namen hat
Ist wenig-
stens der
Deine

WÜNSCHE

Wie

Zynisch

Dem Andern

Stets die Erfül-

lung zu wün-

schen

VORBEI

Wie
Kommst du
Darauf dass nach
Dem Unfall die Ge-
fahr schon vor-
bei sei

UNERWARTET

Es
Liegt doch
Nicht am Risi-
ko das du ein-
gegangen
Bist

WAHRSCHEINLICH

Und
Doch wun-
derst du dich
Dass es nur für
Einen Dreier
Gereicht
Hat

W U N D

Ein Spuk ist
Stets wund

T R E N N U N G

Feen und Ge-
spenster trennen
Die verwünsch-
ten Wünsche

GEISTERSTUNDE

Erst der
Turmschlag
Macht ernst
Mit dem Ge-
schehen

S C H I E F E R   T U R M

Über-
lege dir gut
Ihn wieder
Zu rich-
ten

M O B I L E

Sta-
bil in Be-
wegung und
Doch ohne
Eigenen
Halt

S C H W E R M U T

Nicht
In Struktur
Im Verhält-
nis dazu

A N M U T

Weiß-
gewandeter
Spitzentanz über
Vergehendem
Grund

F A L L

In
Eine Ein-
samkeit die un-
überbrückbar ist
Fällst du hin-
ein

NOCH FEHLENDE AMBIVALENZ DER BEGRIFFE

Kein hör-
bares Echo der Be-
unruhigung des Selbst durch
Das Fehlen des Bewusstseins als
Ein sich zu sich selbst verhalten-
des und somit in und durch
Sich selbst nicht lösba-
res Verhält-
nis

HOHLRAUM

Kein Hohl-
raum eignet sich
Zum Ideal woran
Du dich halten
Kannst

NICHT DASSELBE

Blick
Hinter den
Kulissen nicht
Ins Geheim-
nis

KONSEQUENTER FEHLER

Auf Distanz
Zu gehen wenn
Sie im Nahen dein
Schutz ist den du
Nicht kennst

N A C H T

Vergiss

Nicht dass

Auch sternklar

Es Nacht

Ist

A N D E R S

Ein Stern
Heißt anders
Als Hoffnung
Der Nacht

ZWIELICHTANTEIL

Das
Schwie-
rige an ihm
Ist dass er Sil-
houetten nur
Kennt

ZU SPÄT

Es
Ist meist
Schon zu spät
Wenn du merkst
Dass dein Gefühl
Keine Wurzeln
Geschlagen
Hat

T I E F E

Eine Tiefe ist
Für sich selbst
Voraussetzung

UNTIEF

Eine Tiefe die
Auf Grund läuft
Heißt anders

G R U N D

Ein
Schmerz aus
Unerreichbarem
Grund bleibt der
Dir doch grö-
ßere

GUMMIBAND

Zwischen
Wehr und Freiheit
Liegt im Äußer-
sten nur ein
Spalt

ZUGANG

An Stellen
An denen das
Blut nicht gerinnt
Fehlt dir ein eige-
ner Zugang

NUR KONSEQUENT

Es hat
So keine andere
Qualität ein Wund-
messer nachzu-
stoßen

KEIN ZURÜCK

Immer wieder
Liegt der Punkt ab
Dem es kein Zurück
Mehr gibt zwischen
Ende und Anfang

ZUWEILEN

Wenn du ein Problem
Zweier Menschen zerlegst
Scheint es zuweilen als würde
Es wieder weg vom Papier
Mehr und mehr unlösbar

IM SCHUH

Einen Stein im
Schuh kannst du
Nicht aussitzen

IRONIE

Dass Löschpapier
Besonders gut brennt
Ist kein Verdienst
Der Flamme

MORGENKAFFEE

Weißt du dass
Du den Zustand mit
Dem Mittel bekämpfst
Das ihn hervorruft

U M S T A N D

Auf

Metall hat

Es keinen Sinn

Etwas weniger

Zu brem-

sen

GAR NICHT SELTEN

Wenn
Du unter der
Motorhaube Vor-
schriften zur Ver-
kehrsordnung
Suchst

GEIST UND SEELE

Kein
Agent be-
nutzt die offi-
ziellen Ka-
näle

DIE GEZEICHNETEN

Als

Stigma bleibt

Dir vom Schmerz

Deine bekundete

Subjektive Un-

zumutbar-

keit

BEKUNDET

Die
Konsequenz
Einer möglichen
Unzumutbarkeit ist ja
Dass ihr Effekt dir
Wohl wahr
Wird

STANDPUNKT

Letztlich
Läuft es darauf
Hinaus welche be-
fragte Antwort
Du hast

SURROGATIVE
ANTWORTEN

Sie
Sind im
Effekt wie
Ein festge-
hendes
Lauf-
rad

F O L G E

Durch
Einen Engel
Der es dir viel-
leicht abnahm et-
was Lebensnot-
wendiges ver-
lernen

IM KONTAKT

Was weißt du
Vom Schmerz der
So sich vergrößert
Im Kontakt mit
Menschen

VERSTECK

Ein Ver-
steck für etwas
Das die Mimikry be-
herrscht als Landmine aus
Dann sanft losgelassenen Lö-
wenzahnschirmchen im Mo-
ment wenn Banales an-
fängt nicht mehr
Banal zu
Sein

SANFTES

Aus exis-
tentiellem Erleben
Dem Schmerz in der
Stille abgetrotzt doch
Sagbares das dann
Noch erträg-
lich ist

ZU WEIT

Wenn du
Gern allein bist
Sind Menschen zu
Weit weg wenn
Sie dir nah
Sind

GEFUNDEN

Es bleibt
Dir noch die Fra-
ge ob zwei vielleicht
Gebrochen sich gefun-
dene Herzen nicht
Doch auch mehr
Sind als ein
Ganzes

KONTUR

Be-
sonders
Bist du nur
Nicht im
Beson-
dern

AUFGABE

Die
Aufgabe
Der Überwin-
dung ohne etwas
Zu beschönigen
Bleibt dir bis
Zuletzt

GLASKNOCHEN

Selbst am
Boden bleibt
Der Drahtseil-
akt noch be-
denklich

FORTGANG

Ant-
wort be-
kommst du
Falls du die Fra-
ge auch stellst

TRÄNEN

Wenn du
Spürst dass sie
Das Blut deiner
Seele sind pass
Auf wem du
Sie gibst

L A B Y R I N T H

Am schnell-
sten hinaus geht
Der Sprung

Inhalt

Weitere Gedichte:

Sonnenuntergang auf blondem Hügel

144 Seiten
ISBN 978-3-89811-044-0
Hardcover ISBN 978-3-7357-7565-8

‚Von Bergen fließen Wasser
Weit über die Ufer
Mit dir hinein in ein
So blaues Umarmen'

Zurück ins Land der Pfirsichblüte

140 Seiten
ISBN 978-3-89811-602-2
Hardcover ISBN 978-3-7357-7749-2

‚Jeder Blick, der auf dir weilte,
Strich wie Lächeln durch dein Haar,
Und als ihr Herz dir fühlbar war,
Dann hört es sich das Eine sagen,
Und fängt an, dich heimzutragen.'

Im Blau der Saphire

152 Seiten
ISBN 978-3-8311-2040-6
Hardcover ISBN 978-3-7357-7459-0

‚Weil Du längst weißt
Dass sie einäugig ist

Lässt Du der Schlange
Den Vorteil der Nacht

Im blutwarmen
Wasser'

Honigfalle
156 Seiten
ISBN 978-3-8334-1260-8
Hardcover ISBN 978-3-7357-7534-4

‚Keiner
Weiß

Ob die Fliege
Am Fänger

Weg
Wollte'

Schmetterlingseffekt
160 Seiten
ISBN 978-3-8334-3109-8
Hardcover ISBN 978-3-7357-7535-1

‚Solltest
Du auf

Schmetterlinge
Hören die

Versehrt
Sind'

Lotgänge
176 Seiten
ISBN 978-3-8334-4677-1
Hardcover ISBN 978-3-7357-7543-6

‚Es
Ist vertan die
Ameisen nach dem
Verdienst zu
Fragen'

Blaualgenblüte
200 Seiten
ISBN 978-3-8334-9242-6
Hardcover ISBN 978-3-7357-7741-6

‚Im
Schimmer
Der Blaualgenblüte
Fallen die Schatten der
Weiden nicht tief ins
Verwunschene
Wasser'

Deichspiele
204 Seiten
ISBN 978-3-8370-0126-6
Hardcover ISBN 978-3-7357-7743-0

‚Wie weit
Kannst du den
Wasserrosen
Folgen'

Der Sprung der Delphine
244 Seiten
ISBN 978-3-8370-9707-8
Hardcover ISBN 978-3-7357-7465-1

‚Noch im Vergessen
Ihn vergessen zu haben
Fehlt dir der Schlüssel
Zu ihrem Geheimnis'

Im Echo der Finken
268 Seiten
ISBN 978-3-8423-5852-2
Hardcover ISBN 978-3-7357-6313-6

‚Glaubst du
Dass es die Liebenden
Nicht sähen falls man sich
Mt ihnen keine Mühe
Mehr gäbe‘

Wasserläufer
416 Seiten
ISBN 978-3-8482-0495-3
Hardcover ISBN 978-3-7357-6238-2

‚Bambus
Folgt ihm noch
Schwanger gegen den
Rat sich windstill
Zu lieben‘

Das Glück des Orangenmädchens
484 Seiten
ISBN 978-3-7357-4191-2
Hardcover ISBN 978-3-7357-6170-5

‚Selbst
Wenn es
Dich bittet
Wirst du
Es tun‘

Kompositionen für Klavier:

Klaviermusik Vol. 1, CD
SKW-86211 (51:29)

(Marius Hoffmann:

1. Clair de lune
2. Nocturne
3. Albumblatt
4. Image
5. Étude-Tableau
6. Wiegenlied
7. Poème
8. Poème
9. Angela
10. Prélude d-moll
11. Vision
12. Nachtstück
13. Poem in fis
14. Poème extatique
15. Poem in e
16. Poème-Nocturne)

Klaviermusik Vol. 2, CD
SKW-86212 (58:02)

(Marius Hoffmann:

1. Dreamings
2. Romanze
3. Poème voilé
4. Poème enchanté
5. Méditation sur le nom de Bach
6. Kaleidoskop
7. Hommage à Scriabine
8. Poème fantasque
9. Valse
10. Poème énigmatique
11. Poème
12. Poème rêvé
13. Poème envolé

14. Enigma
15. Vision noctuelle
16. Boîte à musique
17. Lutin
18. Moustique)

Klaviermusik Vol. 3, CD
SKW-86259 (52:05)

(Alexander Skrjabin: ‚Moments intimes'

1. Poème, op. 32,1
2. Étude, op. 42,4
3. Fragilité, op. 51,1
4. Étude, op. 65,2
5. Poème, op. 69,1
6. Poème, op. 52,1
7. Rêverie, op. 49,3
8. Désir, op. 57,1
9. Poème, op. 59,1
10. Poème fantasque, op. 45,2
11. Caresse dansée, op. 57,2
12. Poème languide, op. 52,3
13. Prélude, op. 48,2
14. Feuillet d'Album, op. 45,1

Marius Hoffmann:

15. Poème mélancolique
16. Étude-Caprice
17. Danse grotesque
18. Impromptu
19. Conte)

Email: Marius.Hoffmann@gmx.de